Brzydkie kaczątko
The Ugly Duckling

Tekst polski baśni „Brzydkie kaczątko"– **Dorota Ziółkowska**
Tekst angielski i opracowanie redakcyjne części anglojęzycznej – **Anita Pisarek**
Redaktor prowadzący – **Agnieszka Sobich**
Ilustracje – **Dorota Fic, Andrzej Hamera, Dominik Samol**
Opracowanie graficzne – **Anna Kłos**
Skład i łamanie – **Dariusz Kłos**

Papilon Sp. z o.o.
ul. Polna 46/7, 00-644 Warszawa

ISBN 978-83-60709-93-1

Brzydkie kaczątko
The Ugly Duckling

Papilon

Trrr…trrach! Pękały po kolei skorupki jajek. Mama kaczka radośnie spoglądała na wykluwające się żółciutkie jak kaczeńce pisklęta. Pozostało jeszcze jedno, największe jajko. – Lepiej zostaw je w spokoju, bo nic dobrego się z niego nie wykluje – ostrzegała przechodząca obok gęś.

Crack, crack! The eggshells were breaking one by one.
Mother duck was looking merrily on hatching nestlings, as yellow as cowslips.
Still there was one egg left, the biggest one.
'You better leave it alone, for nothing good will hatch from it' a passing
by goose was warning her.

Kaczka była jednak uparta i wygodniej usadowiła się na gnieździe.
Wreszcie z jajka wykluło się ostatnie pisklę. Było dziwnie duże i szare.
– Ojej, jaki on brzydki! – skrzywiły się kaczęta na widok braciszka.
– A nie mówiłam! – zasyczała znowu gęś.
Słysząc to, biedny malec wybuchnął płaczem. Wszyscy wokół mu
dokuczali i nazywali brzydkim kaczątkiem.

The duck was stubborn though, so she just seated herself on the nest. Finally the last nestling hatched from the egg. It was strangely big and grey. 'Oh, how ugly he is!' the ducklings frowned, seeing their brother. 'Didn't I tell you!' the goose hissed again. When the poor kid heard this, he burst into tears. Everyone around was teasing him and calling him the 'ugly duckling'.

Pewnego dnia nie mógł już tego znieść i wyruszył w świat. Szedł i szedł, aż napotkał wiejską zagrodę. Nie znalazł tam jednak przyjaciół.

And then, he could not stand it any longer and went out into the world. He was walking and walking. At last he came to a farmstead. He did not find friends there, though.

Nastały chłodniejsze dni. Pewnego razu zobaczył pływające po stawie, niedaleko brzegu, ogromne, białe ptaki. Były to łabędzie. – Och, jaka szkoda, że nie jestem taki jak one! – westchnął, widząc, jak z łopotem skrzydeł wzbijają się w górę. – Poczekam, może jeszcze wrócą...

The days grew colder. One day he saw huge white birds swimming on the pond, not far from the shore. They were swans.
'Oh, what a pity that I'm not like them!' he sighed, seeing how they fly into the sky with flutter of the wings. 'I'll wait, maybe they'll come back…'

Wkrótce zrobiło się całkiem zimno.
Zziębniętego i głodnego malca znalazły
dzieci i zabrały ze sobą. Gdy mieszkający
w domu rudy kot ujrzał kaczątko,
postanowił na nie zapolować. Biedny
ptak znów musiał uciekać.

Soon it became quite cold. Cold and hungry duckling was found by the children, who took him with them.
When a red cat living at home saw the duckling, he decided to hunt him. Poor bird had to flee again.

Wreszcie nadeszła wiosna i zazieleniły się trawy.
Nad staw powróciły łabędzie. Kaczątko zapragnęło
przyjrzeć im się z bliska.

– Ależ ty jesteś piękny!
Chodź do nas! – zawołały
na jego widok.
Zawstydzony ptak opuścił
głowę. Jakież było jego
zdumienie, gdy zobaczył
swoje odbicie w wodzie.
On także był wspaniałym,
śnieżnobiałym łabędziem!
Mieszkańcy rodzinnego
podwórka mogli mu teraz
tylko zazdrościć.

At last spring came and grass turned green. Swans returned to the pond. The duckling wanted to take a close look at them.
'How beautiful you are! Come to us!' they called at the sight of him. Ashamed, the bird lowered his head. How big was though his surprise, when he saw his own image in the water. He was the great snow-white swan, too! Inhabitants of the farmyard could only envy him.

Wskaż elementy, które nie pasują do obrazka.

Znajdź słowa.

T	K	U	O	R	S	T
E	L	G	T	S	P	B
G	D	L	B	W	R	U
G	U	Y	I	A	I	F
B	C	N	R	N	N	A
W	K	G	D	U	G	R
R	Y	T	M	I	T	M

DAYS OF THE WEEK

dni tygodnia

MONDAY

poniedziałek

TUESDAY

wtorek

WEDNESDAY

środa

THURSDAY
czwartek

FRIDAY
piątek

SATURDAY
sobota

SUNDAY
niedziela

Pomóż kaczątkom odnaleźć ich balony.

poniedziałek   wtorek   środa

czwartek   piątek   sobota   niedziela

TIME
czas

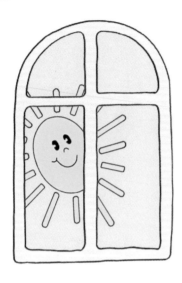

a.m. = before midday
24:00 - 12:00

Day
dzień

Morning
rano

p.m. = after midday
12:00 - 24:00

Evening
wieczór

Night
noc

WHAT'S THE TIME? Która godzina?

Morning
rano

1:00 one o'clock a.m.

6:00 six o'clock a.m.

8:00 eight o'clock a.m.

10:00 ten o'clock a.m.

Afternoon
po południu

13:00 one o'clock p.m.

18:00 six o'clock p.m.

20:00 eight o'clock p.m.

10:00 ten o'clock p.m.

Powiedz która to godzina.

a.m.

p.m.

p.m.

a.m.

a.m.

p.m.

p.m.

a.m.

Good morning!  Dzień dobry!

9:00 nine o'clock a.m.

Good afternoon!  Dzień dobry!

13:00 one o'clock p.m.

Good evening!  Dobry wieczór!

18:00 six o'clock p.m.

Good night!  Dobranoc!

20:00 eight o'clock p.m.

Good bye!

Do widzenia!

Bye!

Do widzenia!

O której godzinie obudził się miś?

O której godzinie miś idzie na spacer?

Uporządkuj wagoniki i odczytaj wyrazy.

Uzupełnij brakujące litery.

M_ _day

Tu_ _ _ay

W_ _nes_ _y

Th_r_day

Fri_ _ _

S_t_rd_y

S_ _day

H_ _ _o

M_ _nin_

N_g_t

Dorysuj wskazówki.

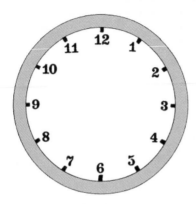

1:00 one o'clock

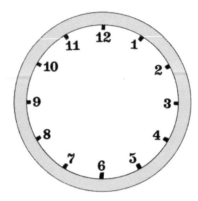

5:00 five o'clock

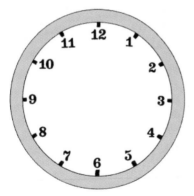

7:00 seven o'clock

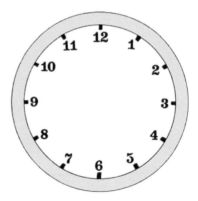

11:00 eleven o'clock

Crack, crack! The eggshells were breaking one by one.

Mother was looking merrily on hatching

nestlings, as as cowslips. Still there was

one egg left, the biggest one. 'You better leave it alone,

for nothing good will hatch from it', a passing by goose

was warning her. The duck was stubborn though,

so she just seated herself on the nest. Finally the last

nestling hatched from the . It was strangely

big and grey.

'Oh, how ugly he is!' the frowned,

seeing their brother. 'Didn't I tell you!' the goose hissed

again. When the poor kid heard this, he burst into

 . Everyone around was teasing him the

'ugly duckling'. And then, he could not stand it any

longer and went out into the world. He was walking

and walking. At last he came to a  .

He did not find friends there, though.

The days grew colder. One day he saw huge white birds

swimming on the , not far from the shore. They

were swans. ' Oh, what a pity that I'm not like them!'

he sighed, seeing how they fly into the sky with flutter of

the . 'I'll wait, maybe they'll come back…'

Soon it became quite cold. Cold and hungry duckling

was found by the children, who took him with them.

When a red living at home saw the duckling,

he decided to hunt him. Poor bird had to flee again.

At last spring came and grass turned .

Swans returned to the pond. The duckling wanted to

take a close look at them. 'How beautiful you are!

Come to us!' they called at the sight of him. Ashamed,

the ![swan flying] lowered his head. How big was

though his surprise, when he saw his own image in the

water. He was the great snow-white ![swan] ,

too! Inhabitants of the farmyard could only envy him.

SŁOWNICZEK

ashamed – zawstydzony

beautiful – piękny
big – duży
bird – ptak
brother – brat

cat – kot
children – dzieci
close – blisko
cowslip – kaczeniec
cold – zimno

duck – kaczka
ducking – kaczątko

egg – jajko
envy – zazdrościć

farmstead – zagroda wiejska
farmyard – podwórko
find – znaleźć
flutter – łopot

fly – latać
friend – przyjaciel
frown – skrzywić się

goose – gęś
grass – trawa
great – wspaniały
green – zielony
grey – szary

hatch – wykluwać się
head – głowa
hiss – zasyczeć
home – dom
huge – ogromny
hungry – głodny
hunt – polować

image – odbicie
inhabitants – mieszkańcy

kid – malec

maybe – może
merrily – radośnie

nest – gniazdo
nestling – pisklę

pond – staw

quite – całkiem

red – rudy

shore – brzeg
sigh – wzdychać
sight – widok
sky – niebo
snow-white – śnieżnobiały
spring – wiosna
stand – znosić
stubborn– uparty
surprise – zdziwienie
swan – łabędź

tear – łza
tease – dokuczać

ugly – brzydki

wait – czekać
walk – iść
warn – ostrzegać
water – woda
white – biały
wing – skrzydło
world – świat

yellow – żółty